David Friedrich Strauss

Ein Nachwort als Vorwort

Zu den neuen Auflagen meiner Schrift: Der alte und der neue Glaube

David Friedrich Strauss

Ein Nachwort als Vorwort
Zu den neuen Auflagen meiner Schrift: Der alte und der neue Glaube

ISBN/EAN: 9783743489202

Hergestellt in Europa, USA, Kanada, Australien, Japan

Cover: Foto ©Lupo / pixelio.de

Manufactured and distributed by brebook publishing software
(www.brebook.com)

David Friedrich Strauss

Ein Nachwort als Vorwort

Ein

Nachwort als Vorwort

zu den neuen Auflagen meiner Schrift:

Der alte und der neue Glaube

von

David Friedrich Strauß.

— — — —

Vierter Abdruck.

Bonn,

Verlag von Emil Strauß.

(Marcus'sche Sort.=Buchhdlg.)

1873.

Ein

Nachwort als Vorwort

zu den neuen Auflagen meiner Schrift:

Der alte und der neue Glaube

von

David Friedrich Strauß.

Vierter Abdruck.

Bonn,

Verlag von Emil Strauß.

(Marcus'sche Sort.-Buchhdlg.)

1873.

Das Büchlein, das ein Vierteljahr nach seinem ersten Erscheinen sich anschickt, zum viertenmal in die Welt auszugehen, habe ich Anfangs und bis jetzt ohne Vorwort gelassen. Es mag für sich selbst sprechen, dachte ich; und in der That ließ es auch über seinen Anlaß und Zweck kaum einen Zweifel übrig. Nun aber ist demselben von vielen Seiten widersprochen worden, und zwar so stark und zum Theil so derb, daß man eine Gegenrede des Verfassers erwarten wird. Es wäre Stoff zu einer ganzen Reihe von Streitschriften vorhanden, die sich auf den verschieden= sten Gebieten, der Philosophie und Theologie, der Natur= und Staatswissenschaft zu bewegen hätten. Doch nicht allein das Weitaussehende solchen Unter=

nehmens mahnt zur Beschränkung, sondern auch die Natur dessen, was allein ich zu vertreten habe. Dieß ist ein Bekenntniß, das keinem andern seine Stelle streitig machen, nur sich die seinige wahren will. Indeß, so bündig ich auch fassen möchte was ich zu sagen gedenke: als Beigabe zu meiner mit Absicht leichtgeschürzten Schrift würde es diese beschweren; darum lasse ich es für sich ausgehen, zumal es nicht blos als Vorwort zu der neuen, sondern zugleich als Nachwort für die Leser der früheren Ausgaben die= nen soll.

Einem Klopstock gegenüber wollte bekanntlich Lessing weniger erhoben, und fleißiger gelesen sein. Ja auch dagegen, wissen wir, hatte er unter Um= ständen nichts, wenn aus dem weniger erhoben ein tüchtiges Gescholtenwerden wurde. In diesem Sinne könnte ich mit der Aufnahme, die mein Glaubensbe= kenntniß gefunden, nicht übel zufrieden sein. Schlag' zu, aber höre! rief der Athenische Feldherr und Staatsmann dem Gegner zu. Freilich, wer nicht ungehört verurtheilt worden, hat um so weniger Ent= schuldigung. Ich hätte keine, wenn mich alle die ver= urtheilten, die mich gelesen haben. Das habe ich aber guten Grund zu bezweifeln. Gegen die Tausende meiner Leser sind die paar Dutzende meiner öffentlichen Tadler eine verschwindende Minderheit, und sie wer= den schwerlich beweisen können, daß sie durchaus die treuen Dolmetscher der ersteren sind. Wenn in einer Sache wie diese meistens die Nichteinverstandenen das laute Wort genommen, die Einverstandenen sich mit stiller Zustimmung begnügt haben, so liegt das in der Natur der Verhältnisse, die wir ja alle kennen. Die Frage, wo denn meine Wir bleiben, mag gut sein, mich zu schrauben; doch wissen die Frager so gut als ich, wie es sich in der That damit verhält.

Eine Maßregel zu meinen Gunsten habe ich aller= dings auch dießmal wieder außer Acht gelassen; und von Seiten eines so alten literarischen Kiegsmanns kann man eine solche Versäumniß unverzeihlich finden. Da war der Apostel Paulus (wenigstens wie ihn die Apostelgeschichte schildert) ein anderer Stratege. Als er vor dem hohen Rath in Jerusalem stand, sah er nicht sobald die sonst feindlichen Brüder, Pharisäer und Sadducäer, ihm verbündet gegenüberstehen, als er durch die Wendung, die Lehre von der Auferstehung der Todten sei es, die man ihm zum Verbrechen

mache, die bedrohliche Coalition zu trennen und die
Pharisäer auf seine Seite zu bringen wußte. Wer,
in Nachahmung des klugen Heidenapostels, heute vor
der theologischen Welt ausruft: die Leugnung der
Gottheit Christi ist es, um deren willen mich jene
verdammen, da ich doch den Menschen Jesus -als
Erlöser und ewiges Haupt der Gemeinde anzuerkennen
keinen Augenblick Bedenken trage — der hat sich gegen
die Anfechtung von Seiten der Altgläubigen in der
Partei des Protestantenvereins einen breiten Rückhalt
gesichert. Ebenso, wer in der Erkärung der Welt
bis zum Menschen herauf die Rechte der Naturwissen=
schaft ohne Scheu vor dem Vorwurfe des Materialis=
mus vertritt, den kostet es, wenn er doch für gewisse
Dinge und Richtungen nicht sprechen will, sogar nur
die Ueberwindung, auch nicht gegen sie zu sprechen,
so wird er nahezu alle Demokraten und Socialisten
auf seiner Seite haben. Was aber soll man von
dem Verstand eines Menschen urtheilen, der es jedes=
mal wissentlich mit beiden Parteien verdirbt, sich dem
Kreuzfeuer der Orthodoxen und der Fortschrittstheo=
logen, der Conservativen und der Socialdemokraten
aussetzt? Nun, von seinem Verstande mag man

denken wie man will; aber seine Redlichkeit wird man gelten lassen müssen.

Mein Buch, sagt der Verfasser einer Anzeige in der Weserzeitung, führe sich als Kriegserklärung gegen den Protestantenverein und die Altkatholiken ein. Das ist zwar so unrichtig wie möglich und ich komme darauf zurück; aber natürlich ist es, wenn das Buch einmal so aufgefaßt wurde, daß es dann von den Gesinnungsgenossen des Protestantenvereins, die in der Deutschen allgemeinen und in der Weserzeitung, dem altkatholischen Professor, der in der Augsburger allgemeinen das Wort darüber nahm, der Protestantischen Kirchenzeitung zu geschweigen, eine ebenso ungünstige Beurtheilung erfuhr wie von der Kreuzzeitung und den Kirchenzeitungen der Orthodoxen. Billiger waren in dieser Hinsicht einige socialdemokratische Blätter, indem sie durch ihre Entrüstung über meine politischen Grundsätze sich von der Anerkennung des kritischen und philosophischen Theils meiner Schrift nicht abhalten ließen. Wenn die Schriftsteller und Publicisten der letztern Richtung in ihrer Polemik sich einer Sprache zu bedienen pflegen, die sich an das, was man sonst als guten Ton, als gesellige Pflicht gegen den Widersacher betrachtet, nicht kehrt, so liegt hierin wenigstens gegen die grundsatzmäßige Stellung dieser Partei kein Widerspruch. Und auf der andern Seite bei den Klerikalen sind wir gegen eine ähnliche Sprache nicht nur durch die Gewohnheit längst abge= stumpft, sondern wir begreifen auch, daß Artigkeit und Achtung gegen einen solchen, den man als ewig Ver= dammten betrachtet, sogar als Heuchelei erscheinen kann. Dagegen pflegen sich sonst die gebildeten Mittel= parteien auch bei Streitverhandlungen eines gesellig anständigen Tons zu rühmen. Haben ihn dießmal auch sie gegen mich großentheils außer Acht gelassen, so muß das seine besondern Gründe haben.

Vergleiche ich den Ton, aus dem die Mehrzahl der Beurtheilungen meines neuesten Buches geht, mit dem Ton, der während der letztvorhergegangenen Jahre im Verhältniß zu mir in der deutschen Literatur üblich geworden war, so wäre es kein Wunder, wenn ich über die hierin so plötzlich eingetretene Wandlung eine tiefe Kränkung empfände. Nachdem das Getöse früherer Kämpfe verklungen war, hatte man sich all= mählig gewöhnt, mir mit einiger Achtung zu begeg= nen; man erwies mir von verschiedenen Seiten sogar die ungesuchte Ehre, mich als eine Art von classischem Prosaschreiber gelten zu lassen. Solche Achtung scheine ich nun durch meine letzte Schrift auf einmal ver= wirkt zu haben; die Journalisten glauben mit mir von oben herunter, wie mit einem Anfänger, ja wie mit einem vorkommenen Subject sprechen zu dürfen. Das Gute ist nur, daß mir dieser neue Ton in der That nichts weniger als neu ist. Es ist vielmehr der älteste, der mir bei meinem Eintritt in die literarische Laufbahn mit dem Leben Jesu entgegengekommen war. Denselben jetzt, ihrem Ziele nahe, wieder zu vernehmen, ist mir wenigstens ein Zeichen, daß ich (was nicht alle betagten Schriftsteller von sich rühmen können) derselbe, und daß ich in der Bahn meines Berufes geblieben bin.

Es wäre Affectation, wenn ich leugnen wollte, daß mir der Beifall, den meine Schriften über Ulrich von Hutten und Voltaire in den weitesten Kreisen fanden, die warme Zustimmung, die meinen Briefen an Ernst Renan aus allen Gauen des deutschen Vaterlands entgegenkam, innig wohlgethan, daß es mir eine tiefe Befriedigung gewährt hat, für meine alten Tage noch mit der Mehrheit meiner Zeit= und Volksgenossen in

das harmonische Verhältniß zu kommen, das am Ende
doch das Ziel jedes besseren schriftstellerischen Bemühens
ist. Dennoch — man mag es mir glauben oder
nicht, übrigens bezeugt es ja der Erfolg — trug ich
immer den Merck in mir, der mir zurief: „solchen
Quark mußt du nicht mehr machen, das können die
Andern auch." Es fällt mir nicht ein, von jenen
Schriften, die mir so viele und werthe Sympathien
eingetragen, gering zu denken; es wäre auch Undank
gegen meinen Genius, wollte ich mich nicht freuen,
daß mir neben der Gabe der schonungslos zersetzenden
Kritik zugleich die harmlose Freude am künstlerischen
Gestalten verliehen ward: aber mein eigenthümlicher
Beruf liegt auf dem letztern Gebiet nicht, und wenn
ich durch die Rückkehr auf das andere jene Sympa=
thien wieder verscherzt haben sollte, so müßte ich das
auf mich nehmen im Bewußtsein, nur gethan zu ha=
ben was meines Amtes war.

Es ist freilich ein mißliebiges, undankbares Amt,
der Welt gerade das zu sagen, was sie am wenigsten
hören mag. Sie wirthschaftet gern aus dem Vollen,
wie große Herren, nimmt ein und gibt aus, so lange
sie etwas auszugeben hat; aber wenn nun einer die

Poſten zuſammenrechnet und ihr ſorglich die Bilanz
vorlegt, ſo betrachtet ſie den als einen Störenfried.
Und eben dazu hat mich von jeher meine Gemüths=
und Geiſtesart getrieben. Vor vierzig Jahren, ehe
mein Leben Jeſu erſchien, dämmerte längſt in denken=
den Theologen die Einſicht, ſo übernatürlich wie die
Evangelien erzählen und die Kirche bis dahin geglaubt
hatte, könne es mit Jeſus unmöglich zugegangen ſein;
aber auch ſo unnatürlich=natürlich nicht wie die ratio=
naliſtiſchen Schriftausleger die Sache wendeten; da=
neben waren Zweifel an dem apoſtoliſchen Urſprung
der Evangelien, dem durchaus hiſtoriſchen Charakter
ihrer Berichte, da und dort aufgekommen. Und doch,
wie ich nun dieſe Gedankenſtücke zuſammenzog, wie
ich auseinanderſetzte: die evangeliſchen Berichte ſind
keine apoſtoliſchen, keine hiſtoriſchen; die Wunder, die
ſie erzählen, gehören nur der Sage, nicht der Ge=
ſchichte an; in der Wirklichkeit wird auch mit Jeſus
ſich alles natürlich zugetragen haben, nur daß wir im
Einzelnen nicht mehr wiſſen wie — als ich das in
meinem Leben Jeſu zuſammenhängend und folgerichtig
durchführte, da entſetzte ſich Alt und Jung, und des
Verfaſſers Name ward

die Losung
Für jede fluchenswerthe That.

Mehr als ein Menschenalter war hingegangen;
die Ergebnisse jener Schrift, vielfach näher bestimmt,
doch in der Hauptsache nur bestätigt durch die For=
schungen Anderer, hatten nicht nur die theologische
Wissenschaft, sondern auch die Ueberzeugungen der
Gebildeten überhaupt durchdrungen; man fing an,
mich mit meinem Unglauben in Ruhe zu lassen, wie
ich die Welt und ihren von selbst sich zersetzenden Glau=
ben in Ruhe ließ, die sich überdieß an den Früchten
meiner in solcher Friedenszeit erwachten Darstellungs=
und Erzählungslust erfreute: da brachte mich die wei=
tere Entwicklung der Wissenschaften von Neuem in die
Lage, durch Zusammenziehen einzeln vorliegender Ge=
dankenreihen einen Anstoß zum Fortschritt, aber auch
zum Aergerniß zn geben. Dießmal handelte es sich
nicht mehr um lediglich theologische Fragen, sondern
um Combinirung der auf diesem Gebiet erreichten
Ergebnisse mit den Errungenschaften vornehmlich der
Naturwissenschaft. Auf der einen Seite hatte man
einen Christus, der nicht mehr Gottes Sohn, sondern
im vollen Sinne Mensch sein, dabei aber doch fort

und fort in der für den Gottmenschen eingerichteten
Kirche verehrt werden sollte; auf der andern sah man
sich immer vollständiger ausgerüstet, das Zustande=
kommen der natürlichen Welt in ihrer Mannigfaltig=
keit und ihrer Stufenfolge bis zum Menschen hinauf
ohne Zuhülfenahme eines Schöpfers, ohne Zwischen=
eintritt des Wunders zu erklären. Manche Forscher
wie Liebhaber eigneten sich diese naturwissenschaftlichen
Ergebnisse an, ohne über die Consequenzen nachzuden=
ken, die sie für die Religion und Theologie haben
mußten; während auf der Gegenseite moderngläubige
Theologen wie Laien auf die steigenden Fluthen des
naturwissenschaftlichen Forschens und Entdeckens ruhig
hinausblickten, ohne davon für ihren kirchlichen Boden
etwas zu besorgen. Hier galt es abermals, das ge=
trennt Vorliegende zusammenzudenken, und das war
eine Aufgabe, deren Lockung ich so wenig wie in dem
frühern Falle widerstehen konnte. Wenn uns mit
jedem Tage die Aussicht wächst, die Bedingungen nach=
zuweisen, unter denen sich das Leben aus dem Leb=
losen, das Bewußtsein aus dem Bewußtlosen nach na=
türlichen Gesetzen entwickelt hat; wenn uns außerdem
alles immer mehr darauf hinweist, die Welt im Gan=

zen, das Sein, als ein ursprünglich Gegebenes, über
das wir im Denken nicht hinaus können, aufzufassen:
wo bleibt der persönliche Schöpfer, der erst die Welt,
dann jene einzelnen Lebensstufen in ihr wunderbar
in's Dasein gerufen haben soll? Und wo bleibt, sol=
cher Ansicht von der stetig=natürlichen Entwicklung aller
Dinge gegenüber, die Kirche, deren ganzes Glaubens=
system auf einen wunderbaren Anfang, einen gewalt=
samen Abbruch, und eine abermals wunderbare Wie=
deranknüpfung der Welt= und Menschheitsentwicklung
angelegt ist?

An der Aufgabe, die hiemit vorlag, ist vermuthlich
Mancher, der sie wohl bemerkte, vielleicht auch für sich
wohl zu lösen verstand, still vorbeigeschlichen, und hat
daran wenigstens klug gethan. Man soll den schla=
fenden Löwen nicht wecken, wenn man nicht entschlos=
sen ist, den Kampf auf Leben und Tod mit ihm auf=
zunehmen. Zwar die Menschheit hat sich civilisirt.
Nicht blos den Umlauf der Erde um die Sonne darf
man heut zu Tage behaupten ohne Gefängniß und
Folter, sondern auch die Gottheit Christi leugnen, ohne
den Scheiterhaufen zu risûι ι... Aber ganz nαγυ läuft
doch hier die Grenze. Verbrannt wird nicht mehr,

wer in Jesus einen bloßen Menschen, in Gott keine
Persönlichkeit mehr erkennt, für sich auf kein anderes
Leben hofft, und in diesem sich keiner christlichen Ge=
meinschaft irgend eines Bekenntnisses mehr anschließen
will: aber darum angesehen wird er, und wenn er
seine Ansicht mit ihren Gründen dem Publikum vor=
trägt, so hat er sich in Verruf gebracht. Er hat sich
über die conventionelle Vorstellungs= und Lebensweise
der Mehrheit hinweggesetzt, gegen den guten Ton ver=
stoßen, und muß darauf gefaßt sein, daß man auch
gegen ihn den guten Ton außer Acht läßt. Als
Schriftsteller ist er fortan vogelfrei; auf das, was
sonst im literarischen Streite gleichsam als Völkerrecht
gilt, darf er sich keine Rechnung mehr machen. Das
habe ich zu empfinden bekommen nach meinem Leben
Jesu; das bekomme ich auch jetzt wieder zu empfinden.

Freilich sieht man daran wieder recht, wie vieles
in der Bildung unserer Zeit noch leere Redensart ist.
Was hat man diese Jahre her öfter und mit mehr
Pathos wiederholen gehört, als daß es fortan nicht
mehr darauf ankommen dürfe, was einer glaube,
sondern wie er handl beim Schriftsteller also
nicht darauf, was er die Menschen glauben, sondern

wie er sie handeln lehre? Gut; nun kommt einer
und macht Ernst damit, daß es auf den Glauben
nicht mehr ankomme, er beseitigt jene von ihm
als morsch befundenen Glaubensstützen, schenkt aber
darum den Menschen in Betreff des sittlichen Handelns
nichts, sondern weist sie, nur mit etwas minder eigen-
nützigen Beweggründen, ungefähr zu denselben Tugen-
den an, die sie auch vorher heilig hielten. Der müßte
also nach jener Rede ungekränkt bleiben, nach= wie vor=
her geachtet werden. Ja, wenn es mehr als Redens=
art gewesen wäre! Auf offener Heerstraße der Lite=
ratur darf ihn beschimpfen wer Lust hat. Den Herren
von der literarischen Kritik übrigens verdenke ich es
am wenigsten. Gewohnt und genöthigt, vom Tag auf
den Tag, von der Hand in den Mund zu leben, sind
sie in der Regel mehr um ein schlagendes Urtheil über
das Einzelne, als um das Ganze einer in sich zusam=
menstimmenden Weltanschauung bemüht; in ihrer Vor=
stellungsweise verträgt sich Altes und Neues, Glaube
und Aufklärung, oft zum Verwundern miteinander;
in Folge ihrer Vielgeschäftigkeit sieht es mitunter in
ihrem Kopfe nicht aufgeräumter als in ihrer Stube
aus. Zudem fühlen sie sich das ganze Jahr hindurch

so eingeengt durch Rücksichten jeder Art, auf verehrte
Meister, auf mächtige Coterien, auf herrschende Vor=
urtheile u. s. f., daß es für sie eine ordentliche Er=
holung sein muß, wenn ihnen einmal ein Schriftsteller
in die Hand fällt, mit dem sie keinerlei Umstände zu
machen brauchen, den sie, des Einverständnisses der
Masse ihrer Leser gewiß, nach Herzenslust schlecht be=
handeln dürfen. Wie gesagt, verdenken kann ich das
den Herren nicht; wenn ich es auch weder tapfer noch
edel finden kann, über einen herzufallen, weil man
weiß, die Andern werden ihn stecken lassen.

In diesem Sinne hat sich denn eine Anzahl von
Beurtheilern mir gegenüber dießmal wieder nach Her=
zenslust gütlich gethan. Der Streit mit mir setzt sie
in die heiterste Stimmung, weil er unter den obwal=
tenden Umständen so leicht zu führen ist. Man braucht
es mit den Stößen nicht genau zu nehmen, wo gün=
stige Galerien die Kampfrichter sind. Mache ich z. B.
an der Lehre Jesu unter Anderem die Ausstellung,
daß sie den Erwerbsbetrieb, statt ihn durch Unterord=
nung unter höhere Zwecke zu veredeln, von vorne her=
ein verwerfe, für seine Wirksamkeit zur Förderung von
Bildung und Humanität kein Verständniß zeige, so

2

braucht man ja nur mit Herrn Dove zu sagen, ich „verlange von dem Religionsstifter pecuniäre Rath= schläge", oder noch witziger von „Jesu hoffnungsloser Unfähigkeit zum Börsengeschäft" zu reden, und man hat mich unter lautem Jubel der höheren Räume wi= derlegt. Ein anderer Fall. Wer den einfachen Worten über Lessing in meiner Nummer 90 nicht anfühlt, daß sie warm aus dem Herzen kommen, der muß, das darf ich wohl sagen, ein Stumpfsinniger sein. Das ist Herr Dove nicht; und doch hat er die Stirne, weil er sich einmal auf meine Kosten in guten Humor gesetzt hat, von meinen „Reverenzen vor Lessing" zu reden. Und nicht blos der hoffnungsvolle junge Mann, der das Steuer der Zeitschrift „Im neuen Reich" so munter handhabt, auch der gesetzte altkatholische Pro= fessor der Philosophie in der Allgemeinen Zeitung fällt mir gegenüber in denselben Ton. Wenn ich zur Ab= schreckung von gewissen Verbrechen die Aufrechthaltung der Todesstrafe verlange, so versichert er leichthin, da= mit könnte man ebensogut die Barbarei der qualificir= ten Todesstrafen begründen, die ja noch abschreckender wirken würden. Ich bin überzeugt, Herr Huber weiß für sich ganz wohl, daß dieß nicht folgt, daß über den

Tod als ultima linea rerum hinaus zur Abschreckung
weiter nichts erfordert wird, am wenigsten etwas,
das durch Abstumpfung des menschlichen Gefühls auf
der andern Seite wieder ebensoviel verderben würde,
als die einfache Todesstrafe gut macht — das, sage
ich, weiß Herr Huber sicherlich für sich ganz wohl,
nur dem geächteten Widersacher gegenüber hält er
dergleichen Folgerungen für gut genug. Täuscht
mich mein Gedächtniß nicht, so ist es der Recensent
im Hamburgischen Correspondenten, der von meinem
Buche geringschätzig sagt, es lasse sich bequem nach
Tische zu Kaffee und Cigarre lesen. Nun ausgedacht
ist es in solcher Situation nicht, und ob sie die rechte
ist es zu verstehen, lasse ich dahingestellt; die Aus=
lassungen der Herren darüber sind aber allerdings
großentheils von einer Beschaffenheit, als wären
sie in jener Situation zu Stande gekommen. Nicht
ganz so leicht scheint der englische Premier mein
Buch genommen zu haben, da er es dieser Tage
in einer zu Liverpool gehaltenen Rede ausführlich zu
bestreiten der Mühe werth fand. Hr. Gladstone
hat meine Ansichten nicht durchaus richtig gefaßt
und in einer Weise bekämpft, die selbst manche

meiner deutschen Kritiker schwach finden werden;
aber wie der ernste gesinnungstüchtige Staatsmann
den ähnlichen Sinn auch an einem Schriftsteller her=
ausfühlt, dessen Wirken er für verderblich hält, wie
der echte Gentleman von einem Manne spricht, dem
er zugestehen muß, daß er ein langes Leben der Er=
forschung der Wahrheit geweiht, und dem Bekenntniß
dessen, was ihm als Wahrheit erschien, alle gewöhn=
lichen Lebensaussichten geopfert hat, das könnten die
Landsleute von dem Fremden lernen. So ist auch
in dem, was Daily News dem Vortrage Gladstone's
entgegenhält, mehr Verstand und richtiger Takt als
in allem was mir bis jetzt von deutschen Besprechungen
meines Buchs zu Gesichte gekommen *).

Sofern meine Lossagung von der bestehenden
Religion sich wenigstens mittelbar auf die Ergebnisse
der neueren Naturwissenschaft gründet, mußte es das
Bestreben meiner Gegner sein, mir diese Stütze zu
entziehen, den Nachweis zu versuchen, daß ich gerade
die ersten Auctoritäten des Fachs mit nichten auf

---

*) Die „Kritik gegen Kritik" in der Allgemeinen Zeitung
sowie die Besprechung in der Deutschen Presse sind erst nach
dem Abschluß dieser Bogen in meine Hände gelangt.

meiner Seite habe. Faſt gleichzeitig mit meiner
Schrift war der Vortrag von Dubois = Reymond
„Ueber die Grenzen des Naturerkennens" erſchienen,
den ich mir nun von verſchiedenen Seiten her als
Gorgoſchild entgegengehalten ſehe. Herr Dove gibt
mit Bezug auf denſelben ſeiner Anzeige meines Buchs
die Ueberſchrift: „Bekenntniß oder Beſcheidung?"
gleich als wollte er ſagen: da ſehet, meine wohlge=
ſinnten Leſer, auf der einen Seite einen großen
Naturforſcher, der ſich beſcheidet, nur bis zu einem
gewiſſen Punkte hin etwas zu wiſſen, der alſo jen=
ſeits dieſes Punktes euch glauben läßt was ihr wollet;
und auf der andern Seite einen vermeintlichen Phi=
loſophen, der, uneingedenk jener Schranken, auch über
ſie hinaus euch ſein ungläubiges Bekenntniß aufdrängen
will. Jener von dem Naturforſcher vollzogenen Be=
ſchränkung hält ſich Herr Dove berufen den Ehren=
namen einer „Kant'ſchen That" beizulegen. Auch
zu Kant's Zeiten allerdings fehlte es nicht an In=
dividuen, die ſeine kritiſche Eingrenzung des Vernunft=
gebrauchs in der Hoffnung willkommen hießen, nun
jenſeits dieſer Grenze um ſo ungeſtörter allen Spuk
des alten Glaubens und Aberglaubens forttreiben zu

können. Kant selbst freilich wollte von dieser Sorte
von Anhängern nichts wissen, dem Kritiker der Ver=
nunft lag es ferne, der faulen Vernunft Vorschub
thun zu wollen. So zweifle ich auch, daß es Dubois=
Reymonds Meinung war, hinter der von ihm
gezogenen Schranke des Naturerkennens nun nicht
blos von Neuem dem alten Dualismus, sondern auch
den Präexistenz= und Seelenwanderungsträumereien
seines jungen Verehrers Raum zu schaffen.

Die Grundvoraussetzung alles Dualismus jeden=
falls, die Auffassung von Leib und Seele als zwei
verschiedenen Substanzen, erscheint unsrem Naturfor=
scher geradezu als ein Grundirrthum. Er sieht in
einer der Wirklichkeit so zuwiderlaufenden Schlußfolge,
wie die Cartesisch=Leibnizischen Theorien über den Zu=
sammenhang von Leib und Seele sind, „einen apago=
gischen Beweis gegen die Richtigkeit der dazu führen=
den Voraussetzung". Er urtheilt mit Fechner, „bei
seinem Gleichniß von den zwei Uhren habe Leibniz
die einfachste Möglichkeit vergessen, nämlich die, daß
vielleicht beide Uhren, deren Zusammengehen erklärt
werden soll, im Grunde nur eine seien." Den Her=
vorgang des Organischen aus dem Unorganischen

hält Dubois=Reymond, wie ich schon aus früheren
Schriften von ihm angeführt habe, für naturwissen=
schaftlich erklärbar. „Es ist ein Mißverständniß,“
sagt er auch in seinem neuesten Vortrage, „in dem
ersten Erscheinen lebendiger Wesen auf Erden etwas
Supranaturalistisches, etwas anderes zu sehen als ein
überaus schwieriges mechanisches Problem.“ Hier
ist nach ihm noch nicht die Grenze unseres Naturer=
kennens; aber der Punkt kommt, wo der Faden ab=
reißt, wo wir unsre Unwissenheit, und zwar unsre
bleibende Unwissenheit, bekennen müssen. Dieser Punkt
ist der Eintritt des Bewußtseins; nicht erst des mensch=
lichen Denkens, sondern des Bewußtseins im weitesten
Sinne, wornach es auch seine niederste Stufe in sich
begreift. „Die erhabenste Seelenthätigkeit,“ sagt er
fast wie Voltaire, „ist aus materiellen Bedingungen
in der Hauptsache nicht unbegreiflicher als das Be=
wußtsein auf seiner ersten Stufe, die Sinnesempfin=
dung; mit der ersten Regung von Behagen oder
Schmerz, die im Beginn des thierischen Lebens auf
Erden ein einfachstes Wesen empfand, ist jene unüber=
steigliche Kluft gesetzt.“

Drei Punkte sind es bekanntlich in der aufstei=

genden Entwicklung der Natur, an denen vorzugsweise der Schein des Unbegreiflichen haftet. Es sind die drei Fragen: wie ist das Lebendige aus dem Leblosen, wie das Empfindende aus dem Empfindungslosen, wie das Vernünftige aus dem Vernunftlosen hervorge= gangen? die unser Denken gleichmäßig in Verlegenheit setzen, ihm eine wie die andre das alte Verlegenheits= wort: Gott, abnöthigen. Der Naturforscher, mit dem wir uns beschäftigen, hält, wie wir gesehen, den An= stand bei dem ersten Punkte nicht für unüberwindlich, der Hervorgang des Organischen aus dem Unorgani= schen erscheint ihm begreiflich. Es gab eine Zeit, wie er selbst uns sagt, wo er erst an dem dritten Punkte, bei dem Problem der Willensfreiheit, als beim Ein= tritt der Intelligenz, die Schranke unsres Wissens zu finden glaubte; damals muß ihm also das zweite Problem, das des Bewußtseins oder der Empfindung, noch lösbar erschienen sein. Von einem Forscher wie Dubois=Reymond bin ich versichert, daß es nicht in seinem Sinne liegt, sowie ihm von Herrn Dove widerfährt, als Auctorität schlechthin behan= delt zu werden; der wirkliche Denker hat es immer gern, wenn auch Andere denken, auch über seine

Worte denken. So will ich denn nicht bergen: ich weiß über den Schein nicht Herr zu werden, daß in Hinsicht ihrer Lösbarkeit oder Unlösbarkeit die drei aufgestellten Fragen sich gleich stehen. Wenn der Glaube Recht hat, an allen drei Stellen Gott und das Wunder einzusetzen, so scheint mir, hat die Wissenschaft mit dem Versuche Recht, diese Aus=hülfe an allen drei Punkten überflüssig zu ma=chen. Das leugnet am Ende auch Dubois=Reymond nicht, nur sagt er: die Wissenschaft kann es leisten an Punkt 1 und 3, sie kann es aber nicht leisten und muß für ewig darauf verzichten an Punkt 2. Ich gestehe, mir könnte noch eher einleuchten, wenn mir einer sagte: unerklärlich ist und bleibt A, nämlich das Leben; ist aber das einmal gegeben, so folgt von selber, d. h. mittelst natürlicher Entwicklung, B und C, nämlich Empfindung und Denken. Oder mei=netwegen auch umgekehrt: A und B lassen sich noch begreifen, aber an C, am Selbstbewußtsein, reißt unser Verständniß ab. Beides, wie gesagt, erschiene mir, die Sache vorläufig und im Allgemeinen an=gesehen, noch annehmlicher, als daß gerade die mittlere Station allein die unpassirbare sein soll.

Das erste der drei Probleme, den Hervorgang
des Lebens, macht sich die heutige Naturwissenschaft
dadurch lösbar, daß sie es, wie Dubois=Reymond
sich ausdrückt, als ein zwar schwieriges, doch lediglich
mechanisches Problem faßt. Es handelt sich dabei
zwar um eine andere und viel complicirtere Art von
Bewegung, aber doch nur um Bewegung, mithin
nicht um etwas schlechthin Neues und Anderes. Die
Lösung des dritten Problems, der Intelligenz und
Willensfreiheit, bahnt sich Dubois=Reymond, wie
es scheint, dadurch an, daß er es im engsten Zusam=
menhange mit dem zweiten, die Vernunft nur als
die höchste Stufe des schon auf jener gegebenen Be=
wußtseins faßt. Daß nun aber dieses zweite Problem
unlösbar sein soll, darüber drückt er sich in seinem
Vortrage so aus: die genaueste Kenntniß des mate=
riellen Seelenorganismus enthülle uns immer nur
bewegte Materie; zwischen dieser materiellen Bewe=
gung und der Thatsache: ich fühle Schmerz oder Lust
ich schmecke Süß, sehe Roth, sammt der Folgerung:
also bin ich, bleibe die Kluft unausgefüllt; es bleibe
„durchaus und für immer unbegreiflich, daß es einer
Anzahl von Kohlenstoff=, Wasserstoff= u. a. Atomen

nicht sollte gleichgültig sein, wie sie liegen und sich
bewegen; es sei in keiner Weise einzusehen, wie aus
ihrem Zusammenwirken Bewußtsein entstehen könne."
Ob dieses Wort des Meisters wirklich das letzte
Wort in der Sache sei, darüber wird am Ende doch
nur die Zeit entscheiden können; glücklicher Weise
kann ich mir dasselbe vorläufig gefallen lassen, ohne
darum meinen Handel verloren zu geben. Denn wie
fährt Dubois=Reymond weiter fort?

Von der Frage, sagt er, ob (für uns) die geisti=
gen Vorgänge jemals aus materiellen Bedingungen
begreiflich sein werden, sei die Frage durchaus ver=
schieden und unabhängig, ob jene Vorgänge nicht doch
vielleicht (an sich) Erzeugnisse materieller Bedingungen
seien. Werde (wie von ihm geschehen) die erstere
Frage auch verneint, so sei dadurch über die andere
noch nichts ausgemacht, geschweige daß auch sie damit
schon verneint wäre. Im Gegentheil, nach dem be=
kannten Forschungsgrundsatze, der einfacheren Vor=
stellung über die Ursache einer Erscheinung bis zu
ihrer Widerlegung den Vorzug zu geben, werde sich
unser Denken immer zu der Vermuthung hingezogen
finden, wenn wir nur erst das Wesen von Materie

und Kraft begreifen würden (deren ewige Unbegreif=
lichkeit nach Dubois=Reymond die andere, oder
vielmehr die erste Schranke unseres Naturerkennens
bildet), so würden wir wohl auch verstehen, „wie die
ihnen zu Grunde liegende Substanz unter bestimmten
Bedingungen empfinden, begehren und denken könne".
In's Klare werden wir darüber zwar niemals kom=
men; aber je unbedingter der Naturforscher diese
doppelte Grenze seines Wissens anerkenne, desto freier
und unbeirrter durch Dogmen wie durch Philosopheme
dürfe er sich an der Hand der Induction seine An=
sichten über die Beziehungen zwischen Geist und
Materie bilden. Mit offenem Auge werde er die
vielfache Abhängigkeit des menschlichen Geisteslebens
von der Beschaffenheit seines Organismus erkennen;
kein theologisches Vorurtheil werde ihn wie Descartes
hindern, in den Thierseelen der Menschenseele ver=
wandte, nur stufenweise minder vollkommene Glieder
derselben Entwicklungsreihe zu sehen. Endlich die
Descendenztheorie im Verein mit der Lehre von der
natürlichen Zuchtwahl dränge ihm die Vorstellung
auf, „daß die Seele als allmähliches Ergebniß gewisser
materieller Combinationen entstanden, und vielleicht

gleich andern erblichen, im Kampf um's Dasein dem
Einzelnen nützlichen Gaben durch eine zahllose Reihe
von Geschlechtern sich gesteigert und vervollkommnet
habe".

Nun frage ich: kann es die Meinung eines so
redenden Forschers sein, hinter den von ihm abge=
steckten Grenzen unseres exacten Naturerkennens ver=
altete Hypothesen und abgestorbene Dogmen sich von
Neuem ansiedeln zu lassen? Wirft er doch außer den
aufgezeigten Lichtern noch eine wahre Brandrakete in
diese Regionen hinüber. Niemand, bemerkt er, eben
auch in der berühmten Leipziger Rede, mache es dem
Naturforscher zum Vorwurfe, daß er den Pflanzen,
wegen des Mangels an einem Nervensystem, kein
Seelenleben zuerkenne. „Was aber wäre ihm zu
erwiedern", fährt der Redner fort, „wenn er, bevor
er in die Annahme einer Weltseele willigte, verlangte,
daß ihm irgendwo in der Welt, in Neuroglia gebettet
und mit warmem arteriellem Blut unter richtigem
Drucke gespeist, ein dem geistigen Vermögen solcher
Seele an Umfang entsprechendes Convolut von Gan=
glienkugeln und Nervenröhren gezeigt würde?" Ich
weiß mich wohl zu bescheiden, irgend Jemanden, am

wenigsten einem so bedeutenden Manne, in einer so delicaten Sache einen Gedanken unterzulegen, den er nicht mit ausdrücklichen Worten ausspricht: daß ich aber meinerseits seinen Satz auf die Frage von einem persönlichen Gott anwende, wird hinwiederum er mir nicht verwehren können.

Die weitern Einwendungen, die von den Beur= theilern meiner Schrift der Naturwissenschaft entnom= men werden (die Männer des Faches haben sich bis jetzt noch nicht vernehmen lassen, und ich sehe ihrem Urtheil mit Beruhigung entgegen), sind von minderem Belange. Sie beziehen sich meistens auf Lücken in der Nachweisung des Stufengangs der Natur, an denen theils die nothwendige Kürze meines Berichts, theils die Unvollständigkeit des bisherigen Beobach= tungsmaterials, theils auch die Grenzen unsres Er= kenntnißvermögens die Schuld tragen. Oder werden mir Instanzen als angeblich nicht beachtet entgegen= geworfen, die ich nicht übersehen habe, aber nicht als zwingende Instanzen gelten lasse. So die Ausführung von Olbers, die Zahl der Welten, also der Fir= sterne, als unendlich angenommen, müßte das ganze Himmelsgewölbe so viel Licht und Wärme ausstrahlen

wie die Sonne. Wo doch auch der aſtronomiſche Laie,
d. h. Herr Prof. Huber ſo gut wie ich, ſieht, daß
neben der unendlichen Zahl die unendlichen Entfer=
nungen mit ihrer lichtmindernden Wirkung außer
Acht gelaſſen ſind. Mit der Clauſiusſchen Rech=
nung auf ein ſchließliches Erlahmen aller Bewegung
im Weltall aber ſtelle ich mich keineswegs, wie der=
ſelbe Kritiker behauptet, in „directen Widerſpruch",
ſondern vorerſt nur in den indirecten, daß ich mei=
ner Geſammtanſchauung gemäß die Stillſtände theils
auf die Einzelwelten beſchränke, theils, wie alles Zu=
ſtändliche im Univerſum, nur als Uebergangsſtadien
betrachte. Mehr oder minder grobe Mißverſtändniſſe
insbeſondere der Darwin'ſchen Theorie meinen Be=
urtheilern nachzuweiſen, kann ich füglich den fach=
mäßigen Vertretern derſelben überlaſſen. Wohlbedacht
übrigens habe ich im Titel meiner Schrift dem alten
Glauben nicht ein neues Wiſſen, ſondern einen neuen
Glauben gegenübergeſtellt. Zur Geſtaltung einer um=
faſſenden Weltanſchauung, die an die Stelle des
ebenſo umfaſſenden Kirchenglaubens treten ſoll, kön=
nen wir uns nicht mit demjenigen begnügen, was
ſtreng inductiv zu erweiſen iſt, ſondern müſſen noch

mancherlei hinzufügen, was von dieser Grundlage
aus sich für unser Denken theils als Voraussetzung
theils als Folgerung ergibt. In demselben Sinne
habe ich meine Schrift ein Bekenntniß genannt; und
darauf werde ich sofort Veranlassung haben, mich be=
sonders auch den theologischen Einwendungen gegen=
über zu berufen, die gegen das Buch gerichtet wor=
den sind.

In dieser Hinsicht sehe ich vor Allem — am
bestimmtesten von Herrn Huber in der Allgemeinen
Zeitung — die Anklage wider mich erhoben, daß ich
von einer frühern höhern Auffassung der Person
Jesu und des Christenthums in meiner neuesten Schrift
„abgefallen" sei. Nun Abfälle, das kann der rührige
Vorkämpfer des Altkatholicismus aus Erfahrungen
in seiner nächsten Nähe wissen, pflegen ihre sehr be=
stimmten Motive zu haben. Auch erfolgten sie in der
Regel in umgekehrter Richtung als der meinige erfolgt
sein müßte, indem man sich von einem extremen, aus=
gesetzten Standpunkt auf einen gedeckteren, minder ge=
fährdeten zurückzieht. Mein Abfall in der entgegen=
gesetzten Richtung könnte also seine äußere Veranlassung
nur etwa darin haben, daß gewisse Rücksichten, die

mich früher abhielten das Aeußerste zu sagen, neue=
stens weggefallen wären. Davon ist aber keine Rede:
ich habe bei Abfassung jener früheren Schriften mich
schon derselben vollkommenen Unabhängigkeit erfreut,
deren ich mich heute erfreue. Es müßte also der an=
gebliche Abfall rein aus inneren Gründen, in Folge
einer Wandlung meiner Ueberzeugungen, erfolgt sein,
wo er für sich keinen Vorwurf begründen würde;
doch es liegt überhaupt kein Abfall vor.

Es ist wahr, ich habe mir in früheren Schriften,
so besonders noch in der neuen Bearbeitung des Le=
bens Jesu, viele Mühe gegeben, die in den Evange=
lien zerstreuten Züge zu einem Bilde zusammenzu=
setzen, das uns von dem Wesen und Wollen Jesu
eine menschlich ansprechende Vorstellung geben könnte.
Die Gegner haben das von mir entworfene Christus=
bild blaß und schattenhaft gefunden, haben lebens=
vollere, markirtere Züge verlangt; während ich um=
gekehrt mir sagen mußte, daß ich im Verhältniß zu
dem, was wir von Jesus wirklich wissen, noch viel
zu keck und bestimmt gezeichnet hatte. Darum klagte ich
in der Schlußabhandlung jenes Buchs über die Man=
gelhaftigkeit und Unsicherheit unserer historischen Kunde

von Jesus, und meinte, kein Kundiger und Aufrich=
tiger werde mir widersprechen wenn ich sage, „daß
wir über wenige große Männer der Geschichte so un=
genügend wie über ihn unterrichtet seien". Auch
damals schon machten mir die Reden Jesu von seiner
Wiederkunft in den Wolken zu schaffen, und ich wußte
daraufhin den Vorwurf der Schwärmerei und der
Selbstüberhebung nur mühsam und künstlich von ihm
abzuwehren. Wenn ich nun in meiner neuesten Schrift
ausführe, in Jesus auch ferner den Mittel= und An=
haltspunkt unsres religiösen Lebens zu erkennen, finden
wir uns hauptsächlich durch zwei Umstände abgehalten:
daß wir nämlich für's Erste viel zu wenig Zusammen=
hängendes von ihm wissen, und für's Zweite in dem
was wir von ihm wissen, einen schwärmerisch=phanta=
stischen Zug bemerken — so liegt hierin augenschein=
lich kein Abfall, sondern lediglich das in der Entwicklung
wissenschaftlicher Ueberzeugungen durchaus normale Er=
gebniß vor, daß ich gewissen Bedenken, deren ich mich
früher noch erwehren zu können meinte, nun voll=
ständigen Raum gegeben habe.

Für gewisse Leute kann man gewisse Dinge nicht
oft genug wiederholen; also das schon zum Ueberfluß

Gesagte hier noch einmal. Es fällt mir nicht ein, zu bestreiten, daß Jesus ein vorzüglicher Mensch gewesen; was ich behaupte, ist nur dieß: nicht um dessen willen was er war, sondern um dessen willen was er nicht war, nicht um des Wahren willen das er lehrte, sondern um einer Vorhersage willen die nicht eingetroffen, also nicht wahr gewesen ist, hat man ihn zum Mittelpunkt einer Kirche, eines Cultus gemacht. Nachdem wir erkannt haben, daß er das nicht gewesen, daß das nicht wahr ist um dessen willen man ihn dazu gemacht hat, ist für uns der Grund, und sofern wir wahrhaftig sein wollen, auch das Recht hinweggefallen, einer solchen Kirche anzugehören; die blos menschliche Vortrefflich= keit, und wäre sie die höchste (die Unsündlichkeit, aber ist mit der Uebernatürlichkeit geschwunden und auf jetzigem Standpunkte nur durch Schwindel noch zu be= haupten) begründet noch keinen Anspruch auf kirchliche Verehrung; am wenigsten wenn diese Vortrefflichkeit, aus entlegenen und den unsern gewissermaßen ent= gegengesetzten Verhältnissen und Vorstellungskreisen stammend, zum Vorbild für unsere Verhältnisse und Vorstellungen täglich ungeeigneter wird.

„Daß bei solchen Ansichten von der Person Jesu,“

wie ich sie vorher als das Ergebniß der neueren For=
schung entwickelt hatte, „diese Person nicht mehr Ge=
genstand des religiösen Glaubens seine könne," das
habe ich schon in meiner Dogmatik, also vor reichlich
dreißig Jahren, als meine Ueberzeugung ausgespro=
chen; schon dort habe ich es für einen Irrthum er=
klärt, „zu meinen, die bloße Moral Jesu, mit Ein=
schluß etwa der Gottes= und Vergeltungslehre, sei noch
das Christenthum; da diesem doch vielmehr eben das
wesentlich sei, alle jene Ideen durch Christus vermit=
telt vorzustellen, alles Hohe was der Menschheit Werth
verleiht, und ebenso alles Leiden das sie bedrückt, an
Christus zu entäußern, um es von ihm als Gnade
und Versöhnung sich zurückzuerbitten. Wer diese Ent=
äußerung," schloß ich, „die das Wesen des Christen=
thums ausmacht, überwunden hat, der mag wohl noch
Gründe haben, sich einen Christen zu nennen, aber
Grund hat er keinen mehr dazu." Herr Dove stellt
die Frage nach unserem Verhältniß zum Christenthum
so: ob „die von Jesus ausgehende religiöse Bewegung
noch mit so wesentlichen Consequenzen in unsre Welt=
und Lebensanschauung hereinreiche, daß es einen Sinn
habe, unsre eignen religiösen Grundsätze an seinen

Namen anzuknüfen." Allein das ist nicht eine, son=
dern es sind zwei Fragen, davon man die eine im
Wesentlichen bejahen, und doch die andere verneinen
kann. Daß die von Jesus ausgegangene religiöse Be=
wegung noch mächtig in unsre Zeit hineinwirke, wird
Niemand leugnen; nur daß diese Wirkungen mit je=
dem Jahrzehnt tiefer in Streit gerathen theils mit
wissenschaftlichen Wahrheiten, theils mit praktischen
Maximen, die der neuern Zeit angehören. Dann aber
das „Anknüpfen unsrer religiösen Grundsätze an sei=
nen Namen" sagt viel weniger als um was es sich
hier handelt; die Frage ist, ob wir ihm noch einen
Cultus widmen, ihn als Haupt einer besondern Heils=
anstalt betrachten können? und dazu, behaupte ich, sind
auf unsrem Standpunkte die Bedingungen nicht mehr
vorhanden.

Wenn der Verfasser der Anzeige in der Allge=
meinen Zeitung einen Vorzug des Christenthums in
meiner Schrift nicht besonders hervorgehoben findet,
so ist er alsbald mit dem Urtheil bei der Hand, da=
für habe ich „keinen Sinn", So angeblich für die
Verdienste des Christenthums um die sittliche Cultur
der Menschheit. Allein übergangen sind von mir diese

Verdienfte auch dießmal nicht; daß auf sie nicht weit=
läufiger eingegangen ist, brachte die Anlage meiner
Schrift mit sich. Sie ist, wie gesagt, ein Bekenntniß,
keine historische Abhandlung. Es handelte sich nicht
um die Frage: was hat das Christenthum in der
Menschheit gewirkt? sondern um die: es mag gewirkt
haben was es will — und fortwirken wird es in je=
dem Fall — aber kann man bei gewissen Ueberzeu=
gungen demselben noch als einer Kirche angehören?
Ein ähnliches hätte ich dem Beurtheiler in der Köl=
nischen Zeitung auf den Vorwurf zu entgegnen, daß
ich die Bedeutung der Phantasie für die Religion nicht
gehörig in Rechnung nehme. Ob ich diese Bedeutung
zu würdigen weiß, dafür darf ich Herrn Bacmeister
wohl unter anderem auf meine Schrift über Rei=
marus verweisen. Aber eben wer dahinter gekom=
men ist, welche mächtige Rolle in der Religion die
Phantasie spielt, der ist aus der religiösen Illusion
herausgetreten; und ob nun diejenigen, die heraus
sind, fort und fort thun sollen, thun dürfen, als
wären sie noch darin, das ist die Frage meines
Buchs.   .

Ich erwähnte schon, daß der Recensent in der

Weserzeitung meine Schrift als eine Kriegserklärung gegen den Protestantenverein und den Altkatholicismus auffasse. Er setzt sogar hinzu, ich „spreche beiden das Recht zu existiren sehr kategorisch ab." Indeß, sowohl mit dem Protestantenverein als mit dem Altkatholi= cismus hatte ich es dießmal nur ganz beiläufig zu thun, und wenn ich in meiner Einleitung unter der Masse der Unbefriedigten und Weiterstrebenden jenen beiden Richtungen die weit überwiegende Majorität zugestand, so meine ich ihnen damit auch das historische Existenzrecht zugestanden zu haben. Dieses Recht kann ja in nichts anderem bestehen, als in der Thatsache, daß in einer großen Anzahl unsrer Zeitgenossen die Kraft neuer Einsichten auf der einen, und das Ge= wicht alter Ueberzeugungen und Gewohnheiten auf der andern Seite sich gerade in dem Punkte die Wage halten, der den Standpunkten des Altkatholicismus oder des Protestantenvereins entspricht. Wenn ich gleichwohl mich selbst mit den mir Gleichdenkenden nicht auf einen dieser Standpunkte stelle, so kann dieß allerdings nur darin seinen Grund haben, daß ich denselben das logische Existenzrecht nicht zugestehe, d. h. daß ich sie nur für Durchgangspunkte, und zwar für

solche halte, über welche die Entwicklung unsrer Ein=
sichten bereits thatsächlich hinausgeschritten ist.

Man hält mir entgegen: bei Einzelnen wohl, aber
nicht bei der Mehrheit, und von dieser Mehrheit unsrer
Mitmenschen sollen wir uns nicht trennen, das heilige
Band der religiösen Gemeinschaft mit ihnen nicht zer=
schneiden wollen. „Warum bestehen wir," fragt Herr
Dove, „die wir allen Spuk von Offenbarung und
Wundern von uns geworfen haben, doch noch so eifrig
auf dem Christennamen? Weil wir," antwortet er,
„den Zusammenhang mit denjenigen unsrer Brü=
der, die an allem diesem Spuke noch ängstlich wie an
etwas Wirklichem hängen, nimmermehr verlieren mö=
gen; weil wir nicht wegen, sondern trotz dieses Spuks
in ihnen auch noch Christen erkennen." Aber redet einmal
mit diesen christlichen Brüdern wirklich so fribol, ge=
stehet ihnen einmal ehrlich und deutlich, daß ihr Offen=
barung und Wunder für Spuk haltet, daß ihr sie nur
„trotz" ihres Glaubens daran, und nur „auch noch"
als Christen gelten lasset, und sehet zu, ob sie euch
darauf hin noch in ihrer Kirche haben wollen. Das
ist es eben: ohne Accommodation, ohne Bemänteln
und Vertuschen, ohne Täuschung hüben und drüben,

kurz ohne Unwahrheit geht es bei solchen Compromissen
nicht ab; und wenn irgendwo, so müßte doch im Be=
zirke der Religion nur Aufrichtigkeit und Wahrhaftig=
keit herrschen. Auf dem Felde der Politik sind Com=
promisse unentbehrlich; allein hier sind sie auch unver=
fänglich und schließen keine Lüge in sich, da es in po=
litischen Dingen sich nicht um Ueberzeugungen, sondern
um Maßregeln, nicht um das Wahre, sondern um das
Ersprießliche handelt.

„Wie man ohne Kirche leben kann," schrieb
Dahlmann an Gervinus aus Anlaß von dessen
Schrift über die Mission der Deutschkatholiken, „das
sehe ich ein; ich lebe selbst so, obwohl ich es anders
wünschte. Allein wie man eine Kirche auf blos christ=
licher Moral bauen könne, das sehe ich vor der Hand
nicht ein. Mir kommt es vor, daß diejenigen (Geist=
lichen), welche sich an Christus selbst halten, von dem
Geheimniß seiner Geburt, seiner Auferstehung und
von seinen Verheißungen lehren, und die gläubige
Menge welche zuhört, die Kirche ausmachen; wenn
wir andern aus= und eingehen, wir bringen Zug,
aber keine Wärme hinein." Das ist ganz auch meine
Meinung bis auf den Punkt des Anderswünschens.

Wir sind auf ehrlichem Wege von der Kirche abge=
kommen, und es geht uns auch hier außen nichts ab:
wozu also bedauern, daß wir nicht mehr drinnen
sind? Eben dieß, uns zum deutlichen Bewußtsein
zu bringen, was wir auch ohne Kirche haben, und
dadurch jenem Anderswünschen vorzubeugen, ist der
Hauptzweck gewesen, den ich bei der Zusammenstellung
und Veröffentlichung meines Bekenntnisses mir vorgesetzt
hatte. Dazu gehört allerdings auch die Erinnerung
an alle die Unglaublichkeiten und Widersprüche, die
wir mit der Kirche hinter uns gelassen haben, an die
Martern unsrer Vernunft und unsres Wahrheits=
sinns, denen wir mit jenem Schritt entgangen sind.
Aber auch diese Darlegungen waren, wie in ihrem
Verlaufe wiederholt erklärt wurde, nicht so gemeint,
als sollte irgend einem, der sich in der Kirche noch
wohl fühlt, das Verbleiben in ihr verleidet werden;
sondern nur uns selbst wollten wir die Gründe be=
stimmt und im Zusammenhang in's Bewußtsein rufen,
die uns zur Auseinandersetzung mit ihr bewogen
haben. Kein Streit mit Andersdenkenden, nur Ver=
ständigung mit Gleichdenkenden war die Absicht.

Doch nicht allein das wollte ich den Gleichge=

sinnten zum Bewußtsein bringen, was wir haben, sondern auch was wir noch nicht haben. Indem ich ihnen unsern dermaligen Besitzstand an Einsichten und Ansichten, Antrieben und Beruhigungen vorlegte, wollte ich sie zugleich auf die Punkte aufmerksam machen, wo es noch fehlt, und sie antreiben, auch in ihrem Theil unsre Mittel vermehren zu helfen. Nicht nur das Gebäude unsrer Weltvorstellung hat noch seine klaffenden Lücken, sondern noch mehr sind wir mit dem Bau unsrer Pflichten= und Tugendlehre zurück. Hier habe ich mehr nur auf die Stellen hindeuten können, wo die Grundsteine zu legen sind, als daß ich schon im Stande gewesen wäre, auf etwas Ausgeführtes, Fertiges hinzuweisen. Das kommt daher, weil wir noch immer gewohnt sind, uns praktisch an die alten Vorstellungen anzulehnen, die Motive unsres Handelns halb unbewußt bei ihnen zu borgen; wir müssen uns der Unhaltbarkeit jener Vorstel= lungen deutlich bewußt werden und bleiben, um uns zu nöthigen, auf dem Boden unsrer neuen Welt= anschauung, d. h. in dem erkannten Wesen des Men= schen, statt in einer vermeinten übermenschlichen Offen=

barung, die festen Anhaltspunkte für unser sittliches Verhalten zu suchen und zu finden. .

Das naturgemäße Streben unsrer Zeit, das Band zwischen Staat und Kirche zu lockern, das un= ausbleibliche Zerbröckeln der Staatskirchen in Secten und freie Gemeinden, muß in nicht allzulanger Frist die Möglichkeit herbeiführen, daß eine Anzahl von Staatsbürgern überhaupt keiner Kirche mehr auch nur äußerlich angehöre. Durch den Gang der Geistesbildung während der letzten Jahrzehnte insbesondre ist die Entstehung einer solchen Gruppe gefordert; und je reiner sie sich herausarbeitet, je weniger sie sich durch Anbequemung an andre Standpunkte fälscht und trübt, desto förderlicher wird sie auf den allgemeinen Stand der geistigen und sittlichen Bildung wirken. Wir haben schlechterdings keinen Grund, uns gegen= seitig zu drängen und zu drücken; das Gemeinleben der Gegenwart, in unsrem deutschen Vaterlande be= sonders, bietet Raum genug, daß wir alle neben einander uns regen und geltend machen können. Einzig das Recht hiezu habe ich durch mein Bekennt= niß in Anspruch nehmen wollen, von dem ich trotz aller Schmähungen überzeugt bleibe, damit ein gutes

Werk gethan und mir den Dank einer minder befan=
genen Zukunft verdient zu haben. Die Zeit der
Verständigung wird kommen, wie sie für das Leben
Jesu gekommen ist: nur daß ich sie dießmal nicht
mehr erleben werde.

Beendigt am letzten Tage des Jahres 1872.